S. R.

MEMBRE DE PLUSIEURS SOCIÉTÉS SAVANTES

Trois Mois de Guerre

(AOÛT-OCTOBRE 1914)

Fata viam inveniunt.

LIBRAIRIE MILITAIRE BERGER-LEVRAULT

PARIS | NANCY | BORDEAUX
 | 18, RUE DES GLACIS | 11, PLACE PEY-BERLAND

Prix : **25 centimes**.

S. R.
MEMBRE DE PLUSIEURS SOCIÉTÉS SAVANTES

Trois Mois de Guerre

(AOÛT - OCTOBRE 1914)

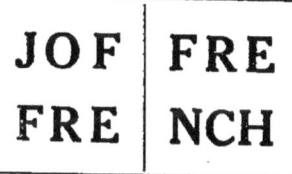

Fata viam inveniunt.

LIBRAIRIE MILITAIRE BERGER-LEVRAULT

PARIS	NANCY	BORDEAUX
5-7, RUE DES BEAUX-ARTS	18, RUE DES GLACIS	11, PLACE PEY-BERLAND

TROIS MOIS DE GUERRE

CHAPITRE PREMIER

Origines immédiates du conflit.

Le 28 juin 1914, l'archiduc François-Ferdinand, prince héritier d'Autriche-Hongrie, et son épouse, la duchesse de Hohenberg, furent assassinés par des conspirateurs bosniaques à Sérajévo, capitale de la Bosnie (1). L'annexion de cette province par l'Autriche-Hongrie, en 1908, accompagnée de menaces de guerre, avait profondément blessé le parti national serbe, qui rêvait la reconstitution de la vieille Serbie et voyait ses efforts frustrés par l'ambition de la monarchie dualiste, représentant la langue, la politique et les intérêts germaniques en opposition avec ceux des Slaves du Sud.

L'attentat de Sérajévo souleva une réprobation universelle. On apprit sans surprise que l'Autriche-

---

(1) Le gouvernement serbe a fait savoir que les deux assassins étaient sujets autrichiens. L'un d'eux, venu en Serbie, ayant un jour éveillé les soupçons du gouvernement serbe, le gouvernement autrichien, interrogé à son sujet, répondit qu'il était sous sa protection et qu'on le considérait comme inoffensif. Il est à noter que lors du jugement rendu à Sérajévo, le 28 octobre 1914, les deux assassins ne furent pas condamnés à mort, alors que six de leurs complices doivent être pendus.

Hongrie préparait, à l'adresse de la Serbie, une note demandant le châtiment des coupables et des garanties contre une agitation jugée dangereuse pour la paix.

Les chancelleries ignoraient que le cabinet de Vienne, poussé par celui de Berlin, comptait profiter de l'occasion non seulement pour humilier la Serbie, pour lui ravir son indépendance politique, mais pour infliger un échec injurieux à la Russie, protectrice naturelle des Slaves balkaniques. Pourtant, les indices d'une crise sérieuse se multipliaient. Dès le 4 juillet, le *Fremdenblatt* de Hambourg annonçait que l'Autriche était résolue à attaquer la Serbie ; si la Russie intervenait, l'ambassadeur d'Allemagne à Saint-Pétersbourg ne manquerait pas de notifier au tsar que l'Allemagne considérait cette affaire comme un *casus fœderis ;* l'Allemagne, liée par traité avec l'Autriche-Hongrie, déclarerait la guerre à la Russie (1). Mais on ne sut pas que ce langage menaçant était inspiré de haut.

Tandis qu'il endormait la vigilance des diplomates en leur affirmant que la note en préparation serait modérée, le gouvernement austro-hongrois les étonna tout à coup et effraya l'Europe par la remise d'un véritable ultimatum à la Serbie ; un délai de quarante-huit heures seulement était accordé pour la réponse (23 juillet au soir).

Ce document insinuait que le mouvement dirigé

---

(1) *New York Nation*, 30 juillet 1914, p. 321.

contre l'Autriche-Hongrie avait été favorisé par le gouvernement serbe ; l'assassinat de l'archiduc lui-même aurait été préparé à Belgrade, avec la connivence de fonctionnaires royaux. Il réclamait des satisfactions dont l'une au moins portait une atteinte indéniable aux droits d'un État souverain ; des policiers autrichiens devaient prendre part, en Serbie même, à l'enquête instituée sur le complot : « Cette note, écrivait le 27 juillet l'ambassadeur d'Angleterre à Berlin, a été rédigée de façon à rendre la guerre inévitable. » Le 30 juillet, le même ambassadeur ajoutait que l'ambassadeur d'Allemagne à Vienne en approuvait complètement la teneur ; on lui affirmait même qu'elle avait été télégraphiée à Guillaume II, alors en croisière dans la mer du Nord.

Les puissances de la Triple-Entente, Angleterre, France et Russie, firent aussitôt de loyaux efforts pour obtenir que Belgrade acceptât en substance la note de Vienne, quoi qu'il en dût coûter à l'amour-propre des Serbes. Le gouvernement serbe se montra docile à des conseils qu'inspirait l'intérêt supérieur de la paix et fit connaître son acceptation, à la réserve de certaines exigences mal définies concernant l'intervention de fonctionnaires autrichiens dans les enquêtes ; il proposait d'en soumettre les modalités à la Cour arbitrale de La Haye ou aux grandes puissances cosignataires de la déclaration serbe de mars 1909, relative à l'Herzégovine et à la Bosnie.

Le Ministre d'Autriche à Belgrade déclara, après dix minutes d'examen, que la réponse serbe n'était pas satisfaisante et demanda ses passeports (25 juillet). L'Autriche-Hongrie avait mobilisé sans retard et, le 28 juillet, déclara la guerre à la Serbie.

En présence de cette brusque attaque, la Russie donna ordre de mobiliser les troupes de quatre circonscriptions militaires du Sud, mais prit soin d'aviser l'Allemagne qu'elle ne nourrissait aucune pensée d'agression contre cette puissance (29 juillet).

Le danger d'une conflagration européenne n'en devenait pas moins évident, car si la Russie soutenait la Serbie contre l'Autriche-Hongrie, l'Allemagne, liée par le traité de la Triplice, devait venir au secours de l'Autriche, et la France, liée avec la Russie, devait intervenir si son alliée était attaquée.

Les diplomates anglais, français, russes et italiens n'eurent dès lors qu'un but : obtenir de l'Allemagne qu'elle arrêtât l'Autriche et — la Russie suspendant sa mobilisation — faire trancher par les grandes puissances, en donnant toutes satisfactions à l'Autriche, le différend entre cet Empire et la Serbie.

C'est la Grande-Bretagne surtout qui, dans ces conjonctures périlleuses, s'employa, avec un zèle infatigable, à la recherche d'un terrain d'entente. Mais elle s'aperçut bientôt, comme la France et la Russie, que l'Allemagne ne songeait pas à arrêter ou à modérer son alliée, parce qu'elle était la complice et peut-être l'instigatrice de sa politique. L'ambassadeur d'Allemagne à Paris s'était empressé de faire au quai d'Orsay une démarche comminatoire (24 juillet), qui fut réitérée le lendemain à Londres et à

Saint-Pétersbourg : le conflit devait rester localisé entre l'Autriche et la Serbie, sans quoi les conséquences pourraient en être « incalculables ».

C'était exiger que la Russie abandonnât la Serbie, exposée à une guerre de représailles ou de conquête; c'était vouloir qu'elle s'humiliât, et toutes les nations slaves avec elle. L'Allemagne savait bien qu'elle n'y consentirait pas ; aussi avait-elle commencé à mobiliser secrètement dès le 10 juillet.

Toutefois, grâce aux efforts de la diplomatie britannique, un accord fut sur le point d'intervenir au dernier moment. L'Angleterre, par une concession extrême, admettait que l'Autriche occupât Belgrade et sa banlieue, comme gage du règlement de ses réclamations (30 juillet) ; l'Autriche consentait à suspendre ses armements en même temps que la Russie. Alors, comme pour rendre tout accommodement impossible, l'Allemagne proclama le *danger de guerre* et somma la Russie de contremander ses préparatifs militaires (31 juillet); le lendemain, elle déclarait la guerre à la Russie et, comme la France, désormais éclairée sur les intentions de sa voisine, ordonnait à son tour la mobilisation générale (1ᵉʳ août), elle déclara la guerre à la France (3 août), après avoir, dès le 2 août, envahi sur trois points le territoire français.

La déclaration de guerre à la France invoquait des prétextes qui étaient autant de mensonges : des aviateurs français auraient survolé la Belgique; des bombes auraient été lancées par des avions français près de Wesel, de Carlsruhe et de Nuremberg! Sans doute, l'Allemagne eut recours à ces « inventions misérables » afin d'attribuer à la France le rôle d'agresseur et de s'assurer ainsi le concours de l'Italie. Mais l'Italie, qui n'avait même pas été informée des intentions de l'Autriche à l'égard de la Serbie, reconnut tout de suite d'où partaient les coups et fit savoir tant à l'Allemagne qu'à la France qu'elle resterait neutre (2 et 3 août). La Triplice avait vécu.

L'Angleterre, très attachée à la paix, ne se décida que graduellement à une action militaire Le 29 juillet, pour s'assurer la neutralité britannique, l'Allemagne offrit de s'engager à ne conquérir aucune partie du territoire européen de la France, sans promettre toutefois de respecter son domaine colonial. C'était, en cas de victoire, l'Allemagne installée sur toute la rive sud de la Méditerranée, peut-être aussi à Madagascar et aux portes de l'Inde; c'était la fin de l'Empire britannique et de sa domination sur les mers. « Quelle aurait été notre situation, disait M. Asquith, le 8 août, aux Communes, *si nous avions accédé à cette proposition infâme ?* » Le 3 août, sir Edward Grey, secrétaire d'Etat aux Affaires étrangères, notifia au Parlement que l'escadre anglaise prenait sous sa protection les côtes françaises du nord et la marine française; si l'escadre allemande les attaquait, si elle franchissait le Pas de Calais ou remontait la mer du Nord pour doubler les Iles britanniques en vue d'une attaque contre la France, la Grande-Bretagne se considérerait comme en état de guerre avec l'Allemagne. Cette importante déclaration fut portée, le 4 août, à la connaissance du Parlement français.

Mais l'attitude de la Grande-Bretagne se précisa bientôt, dans le sens d'une coopération étroite avec la France et la Russie, en raison des premières mesures militaires de l'Allemagne, exécutées au mépris des traités. Des troupes allemandes, le 2 août, occupèrent le Luxembourg, dont la neutralité était sous la sauvegarde du traité de Londres, signé et même inspiré par la Prusse le 11 mai 1867. Le 31 juillet, l'Angleterre avait demandé à la France et à l'Allemagne si elles entendaient respecter la neutralité, si importante à ses yeux, de la Belgique. La France s'y engagea, à moins que la Belgique ne fût envahie par une autre puissance; l'Allemagne, qui avait vainement offert son amitié au roi Albert de Belgique, s'il voulait autoriser le passage des troupes allemandes vers la France (2 août), commença par ne point répondre à l'Angleterre, puis déclara qu'elle avait déjà envahi la Belgique au nord-est et ne pouvait, pour des raisons stratégiques, arrêter la marche de ses armées. « C'est là pour l'Allemagne, dit M. de Jagow, une question de vie ou de mort. La rapidité est notre grand atout; celui de la Russie est d'être un réservoir inépuisable de soldats. » Il fallait donc prendre le chemin le plus court et s'attaquer à la frontière la moins protégée pour porter dans le plus bref délai un coup mortel à la France.

Là-dessus, l'ambassadeur d'Angleterre, après avoir

donné délai jusqu'à minuit, réclama ses passeports (4 août). Au cours de sa dernière conversation avec le chancelier allemand, M. de Bethmann-Holweg, sir W. Goschen s'étonna qu'on pût faire fi du traité garantissant la neutralité de la Belgique, auquel la Prusse, à deux reprises (1831-1870), avait apposé sa signature. C'est alors que M. de Bethmann laissa échapper ces paroles mémorables : « La Grande-Bretagne va donc faire la guerre à une nation amie pour un simple chiffon de papier! »

Quelques jours après, la guerre se trouva engagée entre l'Allemagne et l'Autriche-Hongrie, d'une part, la France, la Russie, l'Angleterre, la Belgique, la Serbie, le Monténégro, de l'autre; le Japon se joignit à ces puissances le 15 août. L'Allemagne, prête la première, se hâta de porter les premiers coups sur sa frontière du nord-ouest, dans la pensée qu'elle pourrait anéantir la Belgique et la France avant de se retourner contre la Russie. Il s'en fallut de peu, comme on va le voir, que cette offensive ne fût couronnée de succès. Pour affirmer leur volonté d'aller jusqu'au bout, en dépit des revers qu'elles pourraient subir encore, l'Angleterre, la France et la Russie firent savoir que, le 5 septembre, elles avaient signé l'engagement de ne pas conclure de paix séparée.

*
* *

Bien que les écrivains militaires allemands eussent souvent préconisé le plan d'attaque de la France par la Belgique et que leurs publications ne fussent pas restées inaperçues chez nous, on croyait généralement que la neutralité de la Belgique serait respectée comme en 1870, par crainte d'une intervention anglaise. Aussi la frontière française était-elle mal protégée sur le front belge, tandis qu'elle l'était très fortement sur le front allemand. C'est de ce côté qu'avaient été massées d'abord nos armées de campagne ; il en résulta pour nous la nécessité d'opérer un changement de front considérable, sous la pression d'une avancée allemande très énergique, qui se produisit avec le plus d'intensité vers l'ouest, là où la résistance avait été le moins préparée. Heureusement pour les Alliés, la défense héroïque de Liège par les Belges fit perdre aux Allemands un temps précieux ; si la première partie de la campagne se termina par une retraite, non par une défaite, c'est à l'armée belge, surtout, qu'il faut faire honneur de ce résultat.

On a jugé inutiles et inopportunes les opérations offensives des Français en Alsace et en Lorraine, qui se succédèrent pendant les premières semaines du mois d'août ; mais, sans insister sur la portée morale de ces succès, d'ailleurs éphémères, il faut observer qu'ils eurent pour effet d'attirer et de retenir loin de la Belgique des forces allemandes qui, jointes à celles qui traversèrent ce pays, auraient singulièrement aggravé la pression subie par les Alliés. Pour la même raison, on ne peut blâmer, même au point de vue stratégique, l'invasion de la Prusse Orientale par une armée russe insuffisamment préparée et trop peu nombreuse ; cette menace, un instant très redoutable, obligea les Allemands à faire front vers l'est de l'Empire et affaiblit d'autant leur offensive vers l'ouest.

CHAPITRE II

Les opérations du mois d'août

Après avoir occupé sans résistance le Luxembourg (2 août), les Allemands pénétrèrent le 4 en Belgique, prirent et saccagèrent Visé et commencèrent l'attaque de Liège (5 août). Cette attaque, menée avec autant d'audace que d'imprudence, fut héroïquement soutenue par les forts de Liège et une petite armée belge ; lorsque les Allemands, au prix de pertes énormes, entrèrent dans la ville (8 août), les forts tenaient encore ; ils tinrent jusqu'au 6 septembre, sous les rafales écrasantes des gros obus. Le général Leman, défenseur de Liège, fut trouvé sans connaissance sous les décombres d'un fort effondré et conduit en captivité à Magdebourg.

Harcelés par l'armée belge, souvent repoussés, malgré leur supériorité numérique, les Allemands occupèrent Tongres et Saint-Trond le 11, soutinrent des combats violents à Diest et à Tirlemont (12 août), et, après l'entrée des Français en Belgique, subirent un échec notable à Dinant (15 août). Mais, à ce moment, l'armée belge se vit contrainte de ployer sous le nombre. Le 17, le gouvernement se retira de

Bruxelles sur Anvers ; le 19, les troupes belges, défaites à Aerschot, cherchèrent un abri dans le grand camp retranché de l'Escaut. Louvain, Bruxelles (20 août) et un peu plus tard Namur, évacué à temps par sa garnison (23 août), tombèrent aux mains des envahisseurs. La chute rapide de Namur s'explique, dit-on, par une raison stratégique : la garnison n'eût pas manqué d'être faite prisonnière si la résistance s'était prolongée. On avait pourtant compté que Namur, place aussi forte que Liège, résisterait pendant plusieurs mois !

Il parut dès lors que les fortifications, même les plus récentes, ne pouvaient pas tenir contre la grosse artillerie allemande, notamment contre les énormes obusiers. Dans la lutte ouverte depuis un demi-siècle entre le canon et la cuirasse, c'est le canon qui maintenant l'emportait.

A Louvain, sous prétexte que des coups de feu auraient été tirés par la population civile, les Allemands pillèrent et brûlèrent une partie de la ville ; l'Université, avec sa célèbre bibliothèque, fut réduite en cendres (25 août). Aerschot, Tirlemont, Malines, Termonde et d'autres villes belges furent traitées de même, au mépris du droit des gens. L'univers entier s'émut et protesta contre ces crimes de barbares ; le sac de Louvain fit plus de mal à l'Allemagne qu'une bataille perdue.

Les armées française et anglaise n'avaient pu venir à temps au secours de Liège et de Bruxelles, bien que nos colonnes eussent pénétré en Belgique dès le 14 août. Le 22, les Alliés tentèrent une vigoureuse offensive, sur un front s'étendant de Condé à Longwy. La bataille, qui dura trois jours, fut surtout violente entre Charleroi et Namur ; malheureusement cette place, à laquelle s'appuyait la droite de notre armée de la Sambre, céda, comme on l'a vu, le 23, ce qui nous força de reculer. A Charleroi, nos troupes, n'ayant pas encore appris à se protéger contre le tir des mitrailleuses, se portèrent en avant avec trop d'ardeur et subirent inutilement de très grosses pertes. A l'est, vers Neufchâteau (Belgique) et Longwy, assiégé depuis le 6 août, nos premiers succès furent annulés par des revers ; l'armée venue au secours de Longwy dut se replier entre l'Argonne et Verdun. Mais notre point le plus faible était à gauche, près de Mons, où l'armée anglaise, très inférieure à l'ennemi, ne put que se retirer en bon ordre, couverte par de magnifiques charges de cavalerie. On annonçait qu'un « groupement avait été constitué à l'extrême-gauche, dans le Nord, pour parer à tout événement » ; ce groupement était beaucoup trop faible et ne tint pas. Lille ne fut même pas disputée.

Réduits à la défensive, menacés un instant d'être enveloppés, les Alliés se retirèrent vers de nouvelles positions voisines de la frontière, où le mouvement rapide et débordant de l'aile droite allemande ne leur permit pas de se maintenir.

En Lorraine, l'offensive française avait d'abord réussi ; de brillants combats furent livrés à Blamont et à Cirey, le mont Donon fut occupé (14 août) et la Lorraine annexée fut envahie jusqu'à Morhange et Sarrebourg (19 août). Mais, à ce moment, l'arrivée de gros renforts allemands, jointe à l'existence non soupçonnée de formidables travaux de défense, changea brusquement la poussée française en retraite (20 août). L'armée fut ramenée entre le Donon et Nancy, sur la Seille et le canal de la Marne au Rhin ; le Donon fut évacué le 22, Lunéville occupée par les Allemands le 23 ; plus à l'ouest, Mézières fut prise le 24 et Longwy, vigoureusement défendu, tomba quatre jours après.

Ces revers eurent une répercussion à Paris, qui conserva d'ailleurs tout son sang-froid : le Ministère fut remanié, M. Millerand remplaçant M. Messimy à la Guerre ; le général Gallieni fut nommé commandant de l'armée de Paris à la place du général Michel. Le camp retranché de Paris fut mis en état de défense ; il en était temps.

Les choses allèrent mieux en Alsace, où les Français, après avoir pris Altkirch et Mulhouse (7 et 8 août), remportèrent, le 17, une belle victoire à Schirmeck, qui leur livra 1,000 prisonniers et 12 canons. Toutefois Mulhouse, qui n'a pas de défenses naturelles, dût être abandonnée le 11 ; reprise le 21, à la suite d'un brillant fait d'armes, elle fut évacuée de nouveau le 27.

Sur le front oriental, les Russes pénétrèrent en Galicie et prirent Tarnopol (21 août), tandis que les Autrichiens entraient en Pologne, se dirigeant vers

Lublin (11 août). L'invasion de la Prusse par les Russes commença très heureusement le 17 août; Lyck, Insterburg, Gumbinnen, Ortelsburg, Marienburg furent occupés, Allenstein et Kœnigsberg menacés (20 au 26 août). Les Allemands se hâtèrent d'envoyer en Prusse d'importants renforts, empruntés en partie à leur front occidental; ils purent ainsi, du 29 au 31 août, battre l'aile gauche russe à Osterode, au sud d'Allenstein. Luttant dans une région difficile, parsemée de lacs et de marais, l'armée du général Rennenkampf se retira, mais lentement, et en disputant le terrain pied à pied.

En Serbie, les Autrichiens bombardèrent inutilement Belgrade et, ayant pénétré dans le royaume, éprouvèrent une sanglante défaite sur la Drina (17 au 21 août). Ils s'en consolèrent en annonçant que désormais ils regardaient la guerre contre les Serbes comme secondaire et allaient porter toute leur attention vers le front russe.

Sur mer, les escadres anglaises saisirent des navires allemands et affirmèrent partout leur maîtrise des océans, en dépit des *raids* de quelques croiseurs ennemis. La flotte allemande, réfugiée dans le canal de Kiel et dans la Baltique, n'osa pas se montrer; la seule apparition qu'elle fit, le 28 août, au large d'Heligoland, lui coûta quatre ou cinq unités. Dans l'Adriatique, la flotte française, grossie de quelques vaisseaux anglais, commença le bombardement des forts de Cattaro (24 août); l'escadre autrichienne resta immobile à Pola. Enfin, les Japonais attaquèrent en Chine la concession allemande de Tsing-Tao, qui fit une résistance prolongée (24 août).

CHAPITRE III

Retraite des Alliés et bataille de la Marne

(28 août au 12 septembre)

La faiblesse de l'aile gauche des Alliés, contrastant avec la force énorme de l'aile droite allemande, qui mérita vraiment son nom d'« aile marchante », constituait une cause d'infériorité grave à laquelle on ne pouvait porter remède qu'avec le temps, en amenant des corps français de l'est vers l'ouest. Du 28 août au 5 septembre, cette infériorité eut pour conséquence un mouvement de recul presque ininterrompu vers la Marne, qui amena les Allemands presque sous le canon du camp retranché de Paris.

La ligne de la Sambre avait été abandonnée le 24 août; celle de Cambrai-Le Cateau dut l'être le 26. Dès le 27, la gauche alliée était refoulée sur la Somme. Si l'avance allemande parut arrêtée le 28, cela fut dû surtout à l'héroïsme de la cavalerie anglaise. Le lendemain, des troupes françaises rappelées de l'est entrèrent en action et faillirent remporter une brillante victoire sur la garde prussienne et deux corps allemands à Guise; malgré ce succès, le généralissime français Joffre ne jugea pas, dans sa prudence réfléchie (1), le moment venu de reprendre l'offensive. Il vit ce jour-là le général en chef anglais French et lui conseilla de se retirer sur la ligne Compiègne-Soissons. Craignant alors d'être coupés du Havre, les Anglais reportèrent leur base maritime à Saint-Nazaire, avec une base avancée au Mans.

Anglais et Français reculaient en bon ordre, combattant sans cesse ; à Compiègne, le 1er septembre, les Anglais eurent l'avantage et prirent des canons. Le 3, ils étaient en position au sud de la Marne dont ils s'apprêtaient à défendre le passage ; mais, à la prière du généralissime français, ils se replièrent sur la Seine.

L'armée allemande, après la traversée de l'Oise, semblait menacer Paris ; le gouvernement français, les ministères, les grandes banques se transportèrent à Bordeaux (3 septembre). La journée du 4 marqua le point culminant de la crise. Le 5, le généralissime Joffre eut un entretien avec le général French et l'informa qu'il avait l'intention de prendre immédiatement l'offensive sur le flanc droit de l'armée ennemie. Celle-ci, se détournant de Paris, où une attaque brusquée eût été trop aventureuse, venait d'incliner vers le sud-est (4 septembre) et de lancer des colonnes vers Laon et Reims, qui ne résistèrent pas, avec l'intention évidente de balayer les armées en campagne avant de revenir sur la capitale.

---

(1) *Nec pro successu nimius, nec tristibus impar* (Claudien, éloge de Stilicon, *Bell. getic.*, I, 135-6).

Le 6 septembre, une offensive générale fut engagée par les Alliés sur le front Meaux, Sézanne, Vitry-le-François, Verdun. L'attaque fut particulièrement vive à l'ouest, où des forces françaises considérables, venues d'Alsace, s'appuyaient sur celles du camp retranché de Paris. Dès le 9, Anglais et Français passèrent la Marne, qui a donné son nom à la bataille. Elle dura jusqu'au 12 septembre ; les Allemands, n'ayant pas réussi dans une tentative de rompre le centre allié à Vitry-le-François, se replièrent alors sur la ligne Soissons-Reims, avec une perte de plusieurs milliers de prisonniers, de nombreux canons et de convois. Leur situation serait devenue plus critique et leur ravitaillement eût été sérieusement menacé, s'ils n'avaient réussi, le 7 septembre, grâce à leur grosse artillerie de siège, à prendre Maubeuge.

Cette longue série de combats fut marquée par deux actions principales, où s'affirmèrent la supériorité de notre artillerie à tir rapide et le mordant de nos troupes. L'aile gauche française refoula les Allemands du Grand-Morin sur le Petit-Morin, puis sur la Marne, l'Ourcq et l'Oise ; notre centre, violemment attaqué à Vitry-le-François et à Sézanne, repoussa le centre allemand vers le camp de Reims, qui fut repris, à l'exception de trois forts. Les troupes allemandes éprouvèrent de sanglants échecs à Montmirail (8 septembre), près des marais de Saint-Gond (10 septembre) et à Soissons (le 11). Le 12, la retraite de l'ennemi était générale ; les Alliés le poursuivaient avec vigueur. On put croire un instant que l'insuccès de l'offensive allemande entraînerait l'évacuation de la France; mais une bataille plus longue et plus dure encore devait s'engager sur les bords de l'Aisne, où la retraite des ennemis s'arrêta. Entre temps, ils avaient dû abandonner Amiens (13 septembre) et, sur leur gauche, Lunéville et Saint-Dié.

En Belgique, les Anglais occupèrent Ostende avec des troupes de marine (27 août); Malines, bombardée le 28 par les Allemands, fut reprise le 13 septembre par l'armée belge d'Anvers, qui ne cessa d'attaquer les derrières des ennemis et d'inquiéter leurs communications.

En Galicie, les Russes engagèrent le 28 août contre les Autrichiens une grande bataille en avant de Lemberg. Elle se termina, le 13 septembre, par une éclatante victoire (130,000 prisonniers, 200 canons). Après s'être emparés de Lemberg (3 septembre), les Russes poursuivirent les Autrichiens en déroute, saisirent les cols principaux des Carpathes et, s'avançant dans la direction de Cracovie, mirent le siège devant Przemysl (8 septembre) et prirent Jaroslaw (le 23).

En Galicie comme dans la Prusse orientale, les Russes se présentèrent non en conquérants, mais en libérateurs. Par une proclamation aux Polonais, publiée le 15 août, la Russie s'engageait solennellement à reconstituer, sous la suzeraineté du tsar, l'ancienne Pologne, dont la langue et la religion seraient respectées. Ainsi devait être réparé, non par une intervention du dehors, mais par l'initiative d'une des puissances co-partageantes, le dépècement de la Pologne au xviiie siècle, qui a été un des grands crimes de l'histoire.

Les Serbes battirent les Autrichiens à Ratcha (8 septembre) et occupèrent Semlin le 10, pour l'évacuer bientôt après et y revenir plus tard.

CHAPITRE IV

Bataille de l'Aisne

(13 septembre au 9 octobre)

Un critique militaire a dit que la guerre de 1914 était caractérisée par des batailles très longues et des sièges très courts. Cela est exact, mais à deux réserves près. Des batailles comme celle de l'Aisne ressemblent beaucoup à des sièges sans investissement, du genre de celui de Sébastopol; les progrès des armes offensives obligent les adversaires à se dissimuler dans des tranchées, à éviter les engagements à découvert. En second lieu, la brièveté des sièges — exception faite de ceux de Przemysl et de Tsing-Tao — paraît moins tenir à la puissance accrue de l'offensive qu'à l'emploi de plates-formes bétonnées, construites et repérées à l'avance pour porter la grosse artillerie de siège. Comme ces plates-formes existent en grand nombre dans les pays d'industrie, le premier devoir de la défense est aujourd'hui de les découvrir et de les rendre inutilisables, dans un rayon de 15 kilomètres autour des forts.

La ligne de l'Aisne assurait aux Allemands, surtout vers l'ouest, une position défensive excellente, qu'ils fortifièrent à la hâte en creusant des tranchées et en utilisant les carrières de la région. Leur ligne s'étendait de la forêt de Laigue, au nord de Compiègne, vers Soissons, Craonne, le nord de Reims et le sud de Réthel, dans la direction de Metz. La bataille de l'Aisne commença par le passage de cette rivière près de Soissons, qui fut effectué à grand'peine (13 septembre). Puis, pendant de longs jours et de longues nuits, il y eut une succession d'attaques et de contre-attaques, tant sur le centre allemand du côté de Berry-au-Bac et de Reims que sur la droite ennemie. Au sud, les Allemands perdirent du terrain; ils paraissent s'être vengés de ces échecs en bombardant Reims et en détruisant en partie la cathédrale (20 septembre). Il est difficile de nier que cet acte de vandalisme fût prémédité, car un journal allemand, le *Berliner Blatt*, avait écrit dès le 5 septembre : « Le groupe occidental de nos armées en France a déjà dépassé la seconde ligne des forts d'arrêt français, sauf Reims, *dont la vieille splendeur royale, comtemporaine des lys blancs, sera bientôt réduite en poussière par nos obusiers de 42.* »

Les actions vers l'ouest furent beaucoup plus importantes. Il s'agissait, pour les Français, de tourner la droite allemande et d'obliger les corps ennemis à se retirer sur la Meuse; il s'agissait, pour les Allemands, de forcer la gauche française, de la couper en deux et de menacer à nouveau Le Havre et Paris.

De là, les violents combats qui se succédèrent, sans résultat décisif, à Tracy-le-Mont, à Lassigny, à Roye, à Chaulnes, entre Combles et Albert. D'une façon générale, l'aile gauche française recula légèrement vers l'ouest ; nous perdîmes Péronne, sans jamais pouvoir approcher de Saint-Quentin ou de Tergnier. Mais ces échecs locaux importaient peu ; les lignes allemandes étant impossibles à forcer, et les nôtres ne faiblissant que pour avancer à nouveau, ni le plan français ni le plan allemand ne furent couronnés de succès. Abstraction faite de quelques fluctuations, les adversaires restèrent vissés au sol qu'ils avaient miné, comme deux puissants athlètes qui, s'étant saisis à bras-le-corps, paraissent de loin immobiles, alors que la contraction de leurs muscles et de leurs traits révèle à ceux qui les voient de près l'implacable intensité de leurs efforts.

Puisque le mouvement tournant, esquissé par les Français, ne réussissait pas au sud de la Somme, leur aile gauche devait chercher à s'étendre vers le nord, dans l'espoir d'y trouver une ligne de pénétration vers l'est. Prévoyant ce mouvement ou cherchant eux-mêmes à nous tourner, les Allemands accumulèrent sur leur aile droite des corps d'armée venus de Lorraine et la bataille recommença entre la Somme et la Scarpe, surtout du côté d'Arras (30 septembre). Dès lors, il était inévitable que les Alliés cherchassent à atteindre la mer, afin de ne pouvoir être tournés par l'aile droite allemande. Le jour où l'aile gauche française s'approcha de la mer du Nord

(9 octobre), on put croire que la bataille de l'Aisne était terminée, bien que les positions allemandes sur cette rivière et plus loin au sud de la Suippe n'eussent subi que des modifications insignifiantes Une nouvelle bataille, celle des Flandres, allait se greffer sur celle de l'Aisne.

Les Allemands purent disposer, à cet effet, des forces importantes que l'armée belge avait immobilisées depuis le 20 août. Anvers, défendu par sa garnison à laquelle se joignirent des marins anglais, fut pris au bout d'un siège de douze jours (27 septembre au 9 octobre); mais la plus grande partie des troupes de défense réussirent à s'échapper vers l'ouest, après avoir détruit une quantité d'approvisionnements et de munitions. Quelques milliers de soldats belges et anglais, arrêtés dans leur retraite par l'occupation de Lockeren, à l'ouest d'Anvers, durent cependant passer en Hollande où ils furent désarmés. Quant au gouvernement belge, il vint s'installer au Havre, où le gouvernement français lui accorda le privilège de l'exterritorialité. Le roi Albert, défenseur indomptable du droit, resta à la tête de son armée.

Sur la Meuse, l'armée allemande de Metz essaya en vain d'aborder le camp retranché de Verdun. Le 19 septembre, elle attaqua violemment les forts de la Meuse, mais ne put prendre celui de Troyon. Toutefois, les Allemands réduisirent, sur les Hauts de Meuse, le fort du Camp des Romains (26 septembre), s'emparèrent par surprise de Saint-Mihiel et passèrent la rivière. Déjà ils avaient atteint l'Aire, affluent de l'Aisne, lorsqu'une attaque des Français les obligea à reculer ; le pont jeté par eux sur la Meuse fut détruit (1ᵉʳ octobre), et ils se contentèrent de conserver Saint-Mihiel. Verdun et Toul ne furent même pas inquiétés.

Les Russes se retirèrent de la Prusse orientale le 16 septembre. Poursuivis jusqu'au Niémen, ils reprirent l'offensive, battirent les Allemands à Augustovo, les obligèrent à s'éloigner d'Ossovetz, qu'ils bombardaient (3 octobre), à évacuer presque complètement les gouvernements de Suwalki et de Lomza (29 septembre - 5 octobre). Le 8 octobre, rentrés dans la Prusse orientale, ils occupèrent à nouveau la ville de Lyck (10 octobre), mais se trouvèrent arrêtés, comme dans leur première invasion, par les difficultés du terrain.

En Bukovine, les Russes s'emparèrent de Czernovitz (15 septembre) ; en Galicie, ils investirent Przemysl le 24 ; ils pénétrèrent à deux reprises en Hongrie par les passages des Carpathes. L'état-major allemand prit alors la direction des opérations autrichiennes, et le commandement autrichien, désemparé, accepta cette humiliation (8 octobre).

Le 17 septembre, les Monténégrins marchèrent sur Sérajévo, mais ne réussirent pas à prendre cette ville, très fortement défendue.

Sur mer, les Anglais perdirent trois croiseurs cuirassés, coulés par des sous-marins allemands dans la mer du Nord (22 septembre). Enfin, dans les airs, des avions anglais survolèrent Düsseldorf et y endommagèrent un hangar de dirigeables (23 septembre).

CHAPITRE V

Bataille des Flandres

(depuis le 8 octobre).

La bataille des Flandres continua celle de l'Aisne; elle la continua sans y mettre fin, car aucun des adversaires n'abandonna ses anciennes positions : ils s'en disputèrent âprement de nouvelles, au nord de celles qu'ils se disputaient encore.

L'offensive allemande, très vigoureuse, se manifesta surtout sur deux fronts.

Au nord-est, l'armée qui avait pris Anvers, grossie de contingents considérables, occupa Ostende (15 oct.), et, marchant sur Furnes et Dunkerque, fut arrêtée par la ténacité héroïque des Belges au passage de l'Yser, entre Nieuport et Dixmude (18 oct.); une escadre anglo-française, constituant l'extrême-gauche des troupes alliées, canonna l'aile droite allemande entre Ostende et Nieuport, lui infligeant des pertes très sensibles (19 oct.). Quelques détachements réussirent à franchir l'Yser (25 oct.), mais durent se retirer devant une inondation machinée par les Belges (29 oct.), tandis que les Alliés, par deux mouvements offensifs vers le nord-est, appuyés sur Ypres et Dixmude, menaçaient Ostende et la ligne de retraite de l'armée du littoral. Il apparut, après dix jours de combats acharnés, malgré les sacrifices effroyables faits par les agresseurs, qu'ils ne pouvaient briser une résistance secondée par la nature des lieux. La marche directe sur Calais était arrêtée (29 octobre).

La seconde poussée allemande, exécutée en même temps que la première, ne réussit pas davantage. Après être rentrée dans Lille (12 octobre), une très forte armée essaya de percer les lignes alliées vers Béthune, à l'ouest de la Bassée, tandis que les Alliés, progressant du côté d'Armentières, se rapprochaient de Lille (23 octobre). Le but du mouvement ennemi était de rejeter vers la côte l'armée alliée opérant entre Arras et Ypres, de manière à l'obliger soit à une retraite rapide sur la Somme, soit même à un embarquement dangereux qui laisserait sans défense les ports de Dunkerque et de Calais.

Le gain de cette bataille des Flandres, suivant un critique militaire allemand, était une question de vie ou de mort pour l'Allemagne. L'Angleterre, déjà inquiétée par la présence des ennemis à Anvers et à Ostende, devrait compter avec des tentatives sérieuses d'invasion, le jour où les Allemands seraient maîtres du Pas de Calais. Du côté allemand, on exagéra à plaisir cette menace un peu frivole, dans l'intention évidente d'empêcher les Anglais de transporter des forces nouvelles sur le continent, où le puissant appoint des contingents venus de l'Inde s'était révélé à l'ouest de Lille (28 octobre).

En Lorraine, dans la région de Nancy, les troupes

françaises reprirent l'offensive et rejetèrent les Allemands derrière la frontière (27 octobre).

Après les victoires des Russes en Galicie et la retraite des Allemands vers la Prusse orientale, l'état-major allemand conçut un plan d'invasion de la Pologne russe qui devait aboutir, en cas de succès, à la prise de Varsovie, promise, dit-on, pour le 19 octobre. Au nord, une armée allemande, passant le Niémen, menaccrait Bialystock ; au centre, des forces imposantes, partant de Radom, enfonceraient le centre russe et se porteraient sur la capitale de la Pologne ; au sud, les Autrichiens, renforcés d'Allemands, ralliés à l'ouest de Lemberg, devaient délivrer Przemysl et converger, après avoir culbuté les Russes, sur Varsovie. Nous avons déjà vu que l'armée allemande qui avait franchi le Niémen fut battue à Augustovo ; à sa suite, les Russes envahirent de nouveau la Prusse. Les Austro-Allemands, au sud, furent contenus d'abord sur le San, puis battus au sud de Przemysl et à Strij. Au centre, la grande armée qui était arrivée sur la Vistule, menaçant à la fois Varsovie et Ivangorod, fut complètement défaite et refoulée à 100 kilomètres en arrière avec des pertes énormes (24 à 30 oct.). La ville industrielle de Lodz fut évacuée par les Allemands ; Radom fut repris. Pivotant sur une base peu éloignée de la rive gauche de la Vistule, l'armée russe esquissa un vaste mouvement de l'est à l'ouest, menaçant l'aile gauche allemande qui se retira précipitamment vers le front de Silésie.

Les Allemands, dans un communiqué officiel du 28 octobre, avouèrent ainsi leur défaite et celle de leurs alliés : « En Pologne, les troupes allemandes et autrichiennes ont dû se retirer devant de nouvelles forces russes venant d'Ivangorod, de Varsovie et de Novogeorgievsk, alors que nous avions repoussé toutes les attaques russes antérieures. *Au premier abord*, les Russes n'avaient pas poursuivi et nos troupes s'étaient retirées sans difficulté. » Il n'est pas besoin de lire ici entre les lignes ; c'est bien d'un grave échec qu'il s'agit, et d'un échec dans une contrée pauvre en chemins de fer, où la boue rend les mouvements difficiles et oblige de sacrifier l'artillerie lourde pour peu que la rapidité de la retraite s'accentue.

Sur mer, il se passa le 29 octobre un événement gros de conséquences. Le 11 août, deux grands croiseurs allemands, le *Gœben* et le *Breslau*, pourchassés par la flotte anglaise, s'étaient réfugiés dans les Dardanelles ; là, au lieu de les désarmer, les Turcs prétendirent s'en rendre acquéreurs, ce qui souleva les protestations des Alliés. En réalité, le parti jeune-turc, gagné à la cause allemande, entendait se servir de ces vaisseaux montés par leurs équipages allemands pour inquiéter les Russes dans la mer Noire. Tout en protestant de ses intentions pacifiques, la Turquie ne cessa de lever des troupes et de les placer, ainsi que ses navires, sous le commandement d'officiers allemands. Enver-Bey, gendre du Sultan, un des auteurs de la révolution qui avait renversé Abdul-

Hamid, était le soutien le plus influent de cette politique, où la duplicité le disputait à l'imprudence. Au moment où les victoires de la Russie en Pologne alarmaient sérieusement l'Allemagne, la Turquie sembla lever le masque ; deux contre-torpilleurs et deux croiseurs coulèrent une canonnière russe dans le port d'Odessa, jetèrent des bombes sur Théodosie et tirèrent sur un paquebot français. La Russie, l'Angleterre, la France et les États balkaniques ont les moyens de faire regretter aux Jeunes-Turcs une si insolente provocation.

* * *

Ainsi, après trois mois d'une guerre effroyable, déchaînée avec une astuce criminelle, les agresseurs se trouvent en fâcheuse posture. L'Autriche-Hongrie est envahie au nord, menacée dans l'Adriatique par les flottes alliées, dans le Trentin et la Transylvanie par les armements de l'Italie et de la Roumanie ; l'Allemagne n'a réussi ni dans sa tentative sur Paris, ni dans celle sur Varsovie ; son commerce maritime est annihilé, ses colonies presque toutes perdues, son ravitaillement et son industrie en péril.

Mais il y a pis, une blessure plus envenimée et plus profonde. L'Allemagne a excité contre elle, contre son orgueil, sa déloyauté et sa cruauté sans scrupules l'animosité de tout l'univers. Elle a fait en trois mois une immense récolte de haine, non seulement dans les pays qui la combattent ouvertement, mais dans les pays neutres qui souhaitent sa défaite finale comme une délivrance pour le genre humain. A ceux qui ne savent pas jeter l'anathème sur tout un peuple, il reste l'espoir que la démocratie germanique, tardivement éclairée sur la scélératesse de ses maîtres, saura un jour faire peser sur eux la responsabilité de leurs forfaits et chercher, en réparant ce qui est réparable, à se réhabiliter devant l'Humanité et l'Histoire.

TABLE DES MATIÈRES

Chapitre premier. — Origines immédiates du conflit . . 3

Chapitre II. — Les opérations du mois d'août. 12

Chapitre III.— Retraite des Alliés et bataille de la Marne (28 août au 12 septembre). 17

Chapitre IV. — Bataille de l'Aisne (13 septembre au 9 octobre). 21

Chapitre V. — Bataille des Flandres (depuis le 8 octobre). 26

Nancy-Paris. — Imp. Berger-Levrault.

LIBRAIRIE MILITAIRE BERGER-LEVRAULT

PARIS, 5-7, rue des Beaux-Arts — rue des Glacis, 18, NANCY

LES LIVRES PROPHÉTIQUES

La France victorieuse dans la Guerre de demain. *Étude stratégique*, par le colonel Arthur BOUCHER. 1912. Edition revue et corrigée. 21ᵉ mille. Un volume in-8, avec 9 tableaux et 3 cartes, broché. **1 fr. 25**

L'Offensive contre l'Allemagne. *Étude stratégique*, par le même. 1912. Edition revue et corrigée, 13ᵉ mille. Un volume in-8, avec 3 cartes, broché. . . . . **1 fr.**

La Belgique à jamais indépendante. *Étude stratégique*, par le même. 5ᵉ mille. 1913. Un volume in-8, avec 2 cartes, broché. . . . **1 fr.**

L'Allemagne en péril. *Étude stratégique*, par le même. 1914. Un volume in-8, avec 6 croquis, broché. . . . . **2 fr. 50**

Nos Frontières de l'Est et du Nord. *Le service de deux ans et sa répercussion sur leur défense*, par le général C. MAITROT. Nouvelle édition, revue, mise à jour et augmentée. Avec une Préface du général KESSLER. 1913. Un vol. grand in-8, avec 9 cartes et 8 croquis, broché. . **3 fr. 50**

La Guerre au vingtième siècle. *Essais stratégiques*, par le lieutenant-colonel Henri MORDACQ. 1914. Un volume in-12, avec 2 cartes in-folio, broché . . . . **3 fr. 50**

Les Armements allemands. La riposte, par le capitaine Pierre FÉLIX. 1912. Un volume in-8 de 137 pages, broché. . . . . **1 fr.**

Le Pangermaniste en Alsace, par Jules FROELICH. 1913. 9ᵉ mille. Un volume in-12, avec 16 dessins par HANSI, broché . . . . **75 c.**

Force au Droit (*Question d'Alsace-Lorraine*), par H. MARINGER. 1913. Un vol. in-12, avec 2 cartes dressées par le lieutenant LAPOINTE, br. **3 fr. 50**

La Prochaine Guerre, par Charles MALO. Avec une Préface par Henri WELSCHINGER, de l'Institut. 1912. Un vol. grand in-8, broché . **2 fr.**

Mes Souvenirs, 1830-1914, par Auguste LALANCE. Préface par Ernest LAVISSE, de l'Académie française. 1914. Un vol grand in-8, br. **1 fr. 50**

NOUVEAUTÉ

LA GRANDE GUERRE
PAR LES ARTISTES

Magnifique Album paraissant en fascicules de 8 planches reproduisant des dessins d'actualité de nos maîtres du crayon: BOUTET, STEINLEN, ROUBILLE, LÉANDRE, IBELS, etc.

Le fascicule . . . . **80** centimes.

Abonnement à 10 fascicules . . . . **8** francs.

LIBRAIRIE MILITAIRE BERGER-LEVRAULT

PARIS, 5-7, rue des Beaux-Arts — rue des Glacis, 18, NANCY

PAGES D'HISTOIRE, 1914
Série de fascicules in-12, brochés.

1. **Le Guet-apens.** *23, 24 et 25 juillet.* — Le choix du moment. — L'Ultimatum autrichien. — L'Émotion en Europe. . . . . 40 c.
2. **La Tension diplomatique.** *Du 25 juillet au 1er août.* — Les Tentatives de médiation. — La déclaration de guerre à la Serbie. — Mobilisations autrichienne, russe et allemande. . . . . 60 c.
3. **En Mobilisation.** *2, 3 et 4 août* (1er, 2e et 3e jours de la mobilisation). — Le Message à la Nation française. — Les Violations de frontières. — Les Ultimatums allemands. . . . . 60 c.
4. **La Journée du 4 août.** — Le Message au Parlement. — La Session extraordinaire. — Commentaires des grands journaux . . . . 60 c.
5. **En Guerre.** *Du 5 au 7 août.* (4e, 5e et 6e jours de la mobilisation.) — La Bataille de Liége. — Escarmouches en Lorraine. — Premières prises navales. . . . . 60 c.
6. **Les Communiqués officiels depuis la déclaration de guerre.** Suite chronologique des dépêches du Gouvernement français. — I. *Du 5 au 14 août* (4e à 13e jour de la mobilisation) . . . . 60 c.
7. — II. *Du 15 au 31 août* . . . . 60 c.
8. — III. *Du 1er au 30 septembre* . . . . 60 c.
9. — **Extraits du Bulletin des Armées de la République.** — I. Les Premiers-Paris. *Du 15 août au 3 septembre.* . . . . 60 c.
10. — II. Les Premiers-Bordeaux. *Du 4 au 22 septembre* . . . 60 c.

CARTES DU THÉATRE DE LA GUERRE

1. — De Nancy à Strasbourg. . . . . 1 fr.
2. — Nancy et Toul — Nomeny-Lunéville. . . . . 1 fr.
3. — Nancy-Strasbourg — Vesoul-Bâle . . . . 1 fr.
4. — Bar-le-Duc-Forêt-Noire — Coblence-Bâle . . . . . 1 fr.
5. — Anvers-Châlons — Lille-Metz. . . . . 1 fr.
6. — Liége-Namur — Metz-Nancy. . . . . 1 fr.
7. — Opérations Russo-Allemandes (Prusse Orientale). . . 1 fr.
8. — Allemagne Centrale et Orientale. . . . . 1 fr.
9. — Europe (Août 1914). 1f 25
10. — Calais-Aix-la-Chapelle — Paris-Metz . . . . 1 fr.
11. — Leipzig-Lemberg — Triest-Bucarest . . . . 1 fr.
12. — Carte générale des opérations en Europe 1f 25
13. — Metz — Toul — Nancy . . . . 1 fr.
14. — La Meuse — Le Rhin — L'Elbe . . . . 1 fr.

Petits Drapeaux en couleurs. La douzaine de chacune des six nations (France, Russie, Angleterre, Belgique, Allemagne, Autriche-Hongrie). . . . . 30 c.

NANCY-PARIS, IMPRIMERIE BERGER-LEVRAULT.

www.ingramcontent.com/pod-product-compliance
Lightning Source LLC
Chambersburg PA
CBHW060903050426
42453CB00010B/1559